ADEGA IMAGINÁRIA

seguido de

O relincho do cavalo adormecido

ARMINDO TREVISAN

ADEGA IMAGINÁRIA

seguido de

O relincho do cavalo adormecido

Texto de acordo com a nova ortografia.

Capa: Ivan Pinheiro Machado. *Ilustração*: "O nascimento de Vênus", têmpera sobre tela de Sandro Botticelli (Galleria degli Uffizi, Florença)
Preparação: Marianne Scholze
Revisão: L&PM Editores

CIP-Brasil. Catalogação na Fonte
Sindicato Nacional dos Editores de Livros, RJ.

T739a

Trevisan, Armindo, 1933-
    Adega imaginária; seguido de O relincho do cavalo adormecido / Armindo Trevisan. – 1. ed. – Porto Alegre, RS: L&PM, 2013.
    208 p. ; 21 cm.

Inclui índice
ISBN 978-85-254-2961-2

1. Poesia brasileira. I. Título. II. Título: O relincho do cavalo adormecido.

13-03048   CDD: 869.91
                           CDU: 821.134.3(81)-1

© Armindo Trevisan, 2013

Todos os direitos desta edição reservados a L&PM Editores
Rua Comendador Coruja 314, loja 9 – Floresta – 90.220-180
Porto Alegre – RS – Brasil / Fone: 51.3225.5777 – Fax: 51.3221.5380

Pedidos & Depto. comercial: vendas@lpm.com.br
Fale conosco: info@lpm.com.br
www.lpm.com.br

Impresso no Brasil
Inverno de 2013

Sumário

Prefácio – *Jorge Furtado* 11

Parte I
Adega imaginária 13

Parte II
O relincho do cavalo adormecido 73

Índice de poemas 199

Para Cleuza:
o amor vale a pena se a fidelidade dá a mão à paixão,
e ambas percorrem o mesmo caminho.

(...) tenho experiência de quantas fantasias é capaz de criar o coração humano! Ora, o que é meu coração senão um coração humano?

Santo Agostinho*

Saborear o vinho, na Bíblia, é símbolo de todo prazer, de toda delícia e alegria da vida.

Gianfranco Ravasi**

*(...)
Aos corpos não convém fazermos guerra:
não sendo nós, são nossos. Nós as
inteligências, eles a esfera.*

John Donne***

---

* SANTO AGOSTINHO. *A trindade*. 3ª ed. São Paulo, Paulus, 1994, p. 146.
** RAVASI, Gianfranco. *Cântico dos Cânticos*. São Paulo, Paulinas, 1988, p. 41.
*** CAMPOS, Augusto de. *Verso, reverso, controverso*. São Paulo, Perspectiva, 1978, p. 133.

Prefácio

*Jorge Furtado**

Isto não parece o prefácio de um livro de poesia, eu espero. O Trevisan me deu o prazer e a honra de escrever este prefácio, e a poesia, no livro, fica por conta dele. Minha parte é a prosa que, na forma de prefácio, deve ser curta, eu acho.

Trevisan foi meu professor de História da Arte na faculdade, me apresentou Giotto, Da Vinci, Caravaggio, Rembrandt, não é pouca coisa. Ficamos amigos desde então, mais de trinta anos. Li e reli todos os seus livros sobre poesia e artes plásticas. *Como apreciar a arte* e *A poesia, uma iniciação à leitura poética* são livros fundamentais, dos melhores que conheço, profundos e simples, volto aos dois sempre que posso.

Novalis escreveu, e Fernando Pessoa usou a frase como epígrafe: "A poesia é o autêntico real absoluto. Quanto mais poético, mais verdadeiro". Antes de tudo, acima de tudo, está a poesia. Antes de ser professor, teórico, ensaísta, Trevisan é poeta e sua poesia é sempre surpreendente, espere tudo menos o esperado, não há clichês nem facilidades. No Trevisan, a mistura de erudição, religiosidade, erotismo, sensibilidade para o ser humano comum, rigor estético e político, tudo isso e ainda o bom humor, produz uma poesia única e inesquecível. E cada vez mais simples.

"Não é pouca coisa ser simples", ensinou Flaubert. É fácil ser simplório, banal, basta mentir. Mas para alcançar a verdade poética, a verdade artística, e ainda assim ser simples, é preciso, talvez, uma maturidade que só o tempo traz.

Neste livro do Trevisan, a simplicidade da poesia desvenda os prazeres do corpo e do vinho. "Tende piedade, Iahweh, de nos-

---

* Cineasta e roteirista de cinema e televisão. Dirigiu, entre outros, *O homem que copiava* (2003), *Meu tio matou um cara* (2004) e *Saneamento básico* (2007). Seu curta-metragem *Ilha das flores* foi premiado com o Urso de Prata em Berlim, em 1990. (N.E.)

sos orgasmos! São interjeições da carne feliz, que esquece que é feliz, e sai à procura de outra carne, para nela encontrar o que não encontra em carne nenhuma." ("Espelho partido") "Em toda taça de vinho espreita uma lágrima." ("A lágrima adormecida") "Felizes os amantes que na forja de suas carícias dão a roer os ossos às almas de seus corpos." ("Maravilhas")

Com este livro, Trevisan, em sua generosa maturidade, nos entrega um presente: poesia, sexo e vinho, só o que há de melhor. E uma excelente mistura.

Parte I
Adega imaginária

I. BRINDE

Quem se embriaga
conhece paisagens
de bravia neblina,
e sonhos mal sonhados.

Na aventura
os amantes
arribam ao fundo de suas almas.

Cada parceiro procura
a alma do outro parceiro.

Mas as almas...
onde estarão?

Elas são como os cães:
nunca estão onde deviam estar.
Mudam de leito constantemente,
e voam para além das nuvens.

Mas quem é fiel ao vinho
há de chegar a alguma parte.

II. O PORTO

Chegará à própria alma?
Se estiveres com uma mulher,
desiste de tocar-lhe a alma.

Desiste
de apalpar tua alma
no poço de águas-vivas
da alma dela.

Contentem-se, ambos,
com a viagem
que os conduz ao abismo.

Cuidado com o vinho:
é matreiro,
costuma levar consigo
a alma do companheiro.

Mas olhem, sempre,
ao derredor.

Às vezes, quem a leva
não é o vinho:

é quem dos dois
ficou mais sozinho.

III. CONVITE À FIDELIDADE

Deita no teu cálice
os amores passados.

Bebe-os,
um a um.

Não podes amar novamente
se no teu cálice
não cintilarem gotas
de uvas esmagadas.

Teu novo amor
(ainda que definitivo)
nasce de uvas espremidas,
em muitos lagares.

A memória de tantos racimos
faz com que a paixão
se eletrize o suficiente
para que os parceiros
possam mergulhar
na piscina dos orgasmos.

Mas quando o álcool cede
lugar à lucidez cruel
da reiteração e da dúvida,
não tenham medo das noites
que os aguardam
no fundo do túnel:

– Elas não acabarão
com vosso mel.

No mel jaz o pólen
de milhões de flores,
que suprirão a doçura
de vossos amores possíveis
e impossíveis.

IV. ESPELHO PARTIDO

Tende piedade, Iahweh,
de nossos orgasmos!

São interjeições
da carne feliz,
que esquece que é feliz,
e sai à procura
de outra carne,
para nela encontrar
o que não encontra
em carne nenhuma.

V. O PRÊMIO

A carne é alegre
– ou triste –
conforme a espuma
que fica na taça
de quem bebe.

Ela é como um sonhador
que sonha que seu sonho
ficou de pé
e, ao despertar, mira-se
no espelho partido,
para nele descobrir
o rosto que se tinha perdido.

VI. O JOGO

Em delírios renovados,
macho e fêmea perseguem-se,
e sonham – em seus delírios –
que a encomenda é a entrega.

Mas quando se veem na adega,
buscando o vinho da ebriez,
constatam que não ocorreu
a paixão sonhada completa.

Julgam-se míseros patetas
na sua ânsia de paixão,
e desconhecem que a entrega
não foi desilusão.

O erro do amor reside
não em sonhar o impossível,
mas em supor – o cornudo –
que o *nada* possa ser tudo!

VII. A ILUSÃO DO POETA

Pudesse o poeta
convencer seus irmãos
de que existem gramas
de ternura
em toda paixão,
por mais vil e louca
que seja.

Será, porventura,
concedido ao corpo
satisfazer
os desesperados amantes
que reinauguram em Sagres,
noite após noite,
a Epopeia dos Descobrimentos,
que incitam a Humanidade
a zarpar à cata de ouro?

Os geógrafos afirmam
que as minas existem.

Mas não no corpo,
nem no coração da mulher.

VIII. A CULPA

A culpa não é *delas*
(dizia Epicuro).
É dos desejos
que precedem,
de alguns quilômetros,
o andar do coração.

Se queres amar uma mulher,
acelera teu coração,
ou obriga teus desejos
a caminhar mais devagar.

Amar... é caminhar
tão distraidamente
que te surpreendas de ver
ao teu lado
quem sempre esteve ali.

Ou... percebas, tu mesmo,
que estavas ao lado dela,
quando ias pelo caminho
brincando com teu cãozinho.

IX. INSENSATEZ

Não exijas da mulher
o que ela não te pode dar.

Dá-lhes, tu, quando puderes,
o que te pedem as mulheres.

Entrega-te a elas,
com tão obsessiva nudez,
que a fusão dos corpos
seja imediata e irreversível,
e já não saibas
se elas estão vivas em ti,
ou se morreste
dentro delas.

X. PASSO A PASSO

Ó tu, que pensas conhecer
os hectares de tua amada,
não esqueças de beijar-lhe
os macios lóbulos carnosos
das orelhas.

Perto deles se atocaiam,
melodiosas e vermelhas,
as palavras que ela não diz,
porque pertence ao sabiá
gorjear quando é feliz.

A bela, que bebe seu licor,
saboreia um luxurioso torpor,
o mole desatar de um nó
que depois do amor a deixa
ainda mais só,
mas atada a horizontes
que a aproximam, novamente,
do mundo e das criaturas.

XI. SURPRESA

O melhor da viagem
é a trama dos afagos,
concedidos de graça
na esperança do melhor.

Esqueceste seus lábios?
Túrgidos e sensibilizados,
eles se riem do batom
que te havia hipnotizado.

Também neles as palavras
se aquietam por tua causa
e, como andorinhas viajeiras,
te transportam a uma região
onde ris,
e onde ela se convida, do chão.

XII. OS MERCADORES

Chegamos ao crepúsculo dos amores
como mercadores de Ibéria
que iam buscar especiarias
no outro lado do mar.

De retorno ao lar,
não encontravam a mulher,
nem os filhos,
nem a mobília.

No fogão já não ardia
flama alguma.

Na mesa empoeirada: uma terrina,
trincada. Na janela: dois ninhos;
e, ao pé das janelas: ossadas.

Os mercadores,
sem pão, sem mulher, sem filhos,
jogavam as especiarias
ao chão
e se deitavam sobre elas,
como se deitam felinos
sobre gazelas semidevoradas.

Dormiam – pobres fantasistas –
sobre tesouros
que iam procurar
no outro lado do mar.

XIII. A BUSCA

Por que procurar tão longe
o que se oferece à mão?

A mão é que deve ser sábia,
substituindo os lábios
quando estes se cansam
de roçar outros lábios.

A mão, também, aprende a beijar
o corpo que a ela se abandona,
no silêncio de quem substitui
o vento de palavras vãs
pela brisa maliciosa
de carícias que vão lavrando
a cútis, as coxas, as nádegas.

XIV. INCERTEZA

Se tiveres um momento
de incerteza no amor,
recorre ao vinho.

Não o bebas
demasiadamente.

Talvez venhas a perceber
que há entre o amor e a mulher
a mesma distância
que separa o vinho do bebedor,
e se interpõe
entre a nudez e o corpo.

XV. ARDOR

Nenhuma taça de vinho
garante o amor.

Mas, na sua transparência,
no resplendor de seu rubor,
o amor faz flamejar
a certeza de que quer durar

– ainda que sua eternidade
seja a da flor,
em que só viceja a promessa
de outro furor.

XVI. O RITMO

Não esqueças, amante apressado,
que o ritmo da mulher
não é o teu ritmo.

O cavalo que mais relincha
não é o cavalo que mais dispara.

A emoção que se incha
tem sempre atrás de si
o medo de não arder.

Explora o corpo da amada
com vagar e delicadeza,
como quem sabe que sua tristeza
consiste em ser vítima.

No seu corpo existem ninhos
de volúpias agachadas,
que emergem no instante
em que decifras
seus confusos pergaminhos,

ou as escritas que jazem
em perdidos cestos
de costura das avós,
nos gerânios que as tias
cultuam como palimpsestos.

XVII. CRONOMETRIA

No amor não existem horas:
existem minutos que duram.

Existem séculos que se derretem
num aperto de mãos,
teias recém-orvalhadas
que o sol descongela,
noites que embalaram
Marílias,
cujos retratos nas paredes
sorriem como rainhas
arrancadas
a sepulturas violadas.

XVIII. APOLO E DAFNE

Mas tu, amante industrioso,
antes de naufragares no teu gozo,
oculta teu relógio no sapato,
ou finge esquecê-lo no aposento
onde dorme o gato.

Depois... que tua amiga abra
desmesuradamente os olhos
porque seu sonho primeiro
é vislumbrar a Ilha dos Amores.

Ou que ela os feche,
com denguice, porque
seu sonho derradeiro
é ser Dafne,
que Júpiter transforma em loureiro.

Curti vossa eternidade
durante a noite,
durante a madrugada,
até que os sinos do meio-dia
vos acordem.

Ou que vos alfinete
a pressão indiscreta
dos ponteiros.

XIX. RECUSA

Ah, se todos soubessem
como numa taça de vinho
o amor se sente sozinho!

Toda mulher pressente
que pode esconder-se nele,
mas não sair dali ilesa.

De uma coisa ela tem certeza:
sua melhor tristeza
é a que fica mais perto
do êxtase ou da ressaca.

XX. APRUMO

Ó mulher, quando te dobras
para os encantos finais,
evita assemelhar-te às cobras
que serpejam pelo chão.

Ditosa serás quando
entre a tua pele e a dele
vigorar a lassidão
que vigora entre o papel e o lápis:
– a da ideia retilínea
que se abraça à curvilínea
traição do mel.

XXI. ANTROPOFAGIA

Cansaço? Tédio? Enjoo?
São detritos de um amor
cujas flamas morreram
antes do voo.

Cansaço? Tédio? Enjoo?
Não sugiras tal tolice
à fêmea que, no amor,
detesta encruzilhadas.

Quando amares, ama também
sua raiva, sua baba, seu desdém.

A mulher que em ti se abisma
na sua doce infusão
cobiça a liquidez de teu tato
e tua garra de leão.

XXII. COMPREENSÃO

Se não compreenderes, ó macho,
que também és animal,

não atingirás o teto mais alto
de teu espanto carnal.

Em toda a carne, na tua
também alteia-se, e sobrenada
completamente nua
tua *alma*, e certamente
tua soberba ventosa.

Só com pitadas de autocensura
conseguirás que tua fêmea
seja mulher completamente.

Dá-lhe tudo o que tu tens,
e não calcules que a enganas
com as sobras de outros amores.

XXIII. NUDEZ

Estarás, ó macho, afeito
à tua horizontalidade
se não te acostumaste à lisura
da tua carne sem roupa?

Antes de amar, aprende
a povoar tua nudez
com outra nudez mais limpa.

Impossível chegar ao ápice
da ventania do amor
se não varreres de teu umbral
as folhas que amarelaram.

Não tenhas medo de ti,
de tua carnalidade sem rosto:
o vinho, antes de ser vinho,
foi suco, desprezível mosto.

XXIV. TANGIBILIDADE

Como palhaço, não raro,
tens a pretensão de tangeres
as tetas de tua Amada
como se folheasses
iluminuras numa biblioteca.

Supões em teus dedos destreza
de harpistas e de ladrões.

Pobre de ti! Teus dedos
não passam de pinças ásperas
que lhes apertam os mamilos
como quebra-nozes desajeitados,
ou verrumosas bocas de esquilos.

Sê modesto em tudo que
se relaciona às suas mamas:
é nelas que podes encontrar
o que as mulheres escondem
quando enfrentam com seus peitos
o vento, a chuva, as tormentas.

XXV. O ABRAÇO

Sem o vinho, o amor sabe a água.

Sem ele,
é golpeado pela mágoa.

Embora não precise de vinho,
o amor acende-se
ao seu calor.

Quando o amor
se transforma em sarça,
com ela arde
sem se consumir.

No fundo da intriga amorosa
lateja a centelha
do espinheiro que arde,
e exibe nos lábios
a rosa,
que inaugura,
noite após noite,
o mundo.

XXVI. DESCOBRIMENTO

Corpo viril, não receies
mostrar tua vulnerabilidade
nos redemoinhos do amor.

Do outro corpo – o feminino –
salta uma força reprimida
que só revela seu vulcão
quando essa força estala,
e a penetras com teu gume,
excitando-lhe o nó da vida.

Quanto mais a penetrares,
mais lhe tocarás o que só
floresce no arcano da mulher
se ela esquecer que está só
(seu seio não só se intumesce,
mas, dentro dele, ela desaparece).

XXVII. A LÁGRIMA ADORMECIDA

Em toda taça de vinho
espreita
uma lágrima.

Essa lágrima
desperta
quando se bebe vinho.

O amor,
dos que se amam com delírio,
é sempre ridículo,
e tem a flexibilidade
e a inflexibilidade
dos ciprestes de Van Gogh.

Estão plantados
contra o céu,
prontos para receber
os raios mortíferos
e o luar.

XXVIII. O FELINO

Imita as patas do tigre
cada vez que te aproximas
da carne aveludada
da fêmea apaixonada,
e lhe pressentes o fogo.

Não te entregues ao desafogo.

Põe um graveto sobre outro graveto
e, ao veres a fogueira acesa,
evita te arremessares
na sua inteira combustão.

Devora-a, milímetro a milímetro,
como quem mede uma vinha
que embebeda muito antes,
pelo olhar que antecipa
a vindima generosa.

O tato é excessivamente
guloso. Cada poro de mulher
exige, a cada festim,
novo talher.

XXIX. ENIGMA

Todos os amantes
morrem
sem saber por que amaram.

Morrem, porque na sua
voracidade centrífuga
seus corpos recuperaram
o nada em que sempre nadaram.

O segredo da mulher
consiste neste feitiço:
mostrar que a morte e o nascimento
são inseparáveis,
e que cada um deles é a imagem
de uma única paisagem.

XXX. REINVENÇÃO

Feliz de ti, ó vinho,
que não sofres
a rejeição do amor.

Singras as veias,
espalhando-te no interior
de ventres
e ombros roliços.

Feliz de ti
que amas sem ser amado,
e tens tua felicidade
em ser bebido.

És símbolo do amor porque resistes
– como o fogo – à vontade de quem te sorve,
e ressurges, de gole em gole,
aniquilado,
subindo, outra vez,
do solo
ao braseiro voluptuoso,
(como o amado
galga as frutíferas
encostas da amada).

XXXI. LIÇÃO

Ensina tua mão a encantar-se.
Ensina-lhe, em cada vigília,
a ignorar a gema e o ovo.

Ensina tua mão a recolher
as pitangas caídas por terra,
enrubescidas de seu frescor
e da chuva que as lavou.

Ensina tua mão a umedecer-se
na sua própria saliva,
na olorosa resina
da fenda que a produz.

Ensina-lhe a lamber as feridas
causadas pela pressa
e pelo instinto, que atropela
a égua que na corrida
se torna muito mais bela.

Ensina tua mão a extrair
da gruta o odor mais forte,
a degustar com languidez
a sucção que não se esgota
nem na primeira,
nem na última vez.

XXXII. NO UMBRAL

Na vossa taça, enamorados,
o vinho vos oferta sua cor.

Sua translucidez
e seu sabor crescem
quando a sede é menor.

Na vossa taça,
antes de vós,
ele chega à incandescência,
como joia, que ri dos dedos
porque a nudez faz rutilar
no corpo, aberto de par em par,
um enxame de segredos.

XXXIII. OBSERVAÇÃO

Distraído amante, atenta
nos cabelos de tua amada.

Em cada um de seus fios
se entremostram os arrepios
da entristecida raça humana.

São folhas douradas de álamo
que repicam a um sol de outono,
preparando o corpo lasso
da fêmea que recém amou
à interminável, à langorosa
ressurreição do sono.

Não há nada que lhe devolva
mais de imediato, e com detalhes,
sua anterior intimidade.

XXXIV. APRENDIZAGEM

Apaixonados, aprendei
a ser originais como o vinho.

Deixai os braços
oscilarem como pêndulos
de um tempo que nunca passa!

Experimentareis o júbilo
de amar, num corpo vivo,
um corpo que, sem dúvida,
um dia estará morto,
mas não para sempre,
mas não para sempre.

Tu, ó homem, talvez descubras
que o amor pode te salvar
na mulher que continuas a amar
se nela subsistir o pouco
que restar de ti,
de tua profissão,
quando te envolver
a capa da solidão.

XXXV. CUMPLICIDADE

Nunca desanimeis, amantes.

O vinho
vos acompanhará pelo deserto
sem camelos nem tâmaras.

Desconfiai, porém, dos corpos.

São magníficos, atraentes,
e prometem
mais do que podem prometer.

Não é culpa deles.

É culpa de quem
esqueceu que eles dão
o que podem dar
sabendo que virá o dia
em que nadarão num leito seco.

De longe, acenam às almas
que se despedem deles.
Amai, portanto,
também suas almas,
– ou o que se entende por elas –
até onde elas podem,
como selvagens panteras,
embutir no vosso amor
suas pupilas de esmeralda.

XXXVI. MARAVILHAS

As maravilhas do sexo
são pulsões amortecidas
explosões milimetradas
que fazem voar o sêmen.

Nas fraldas do Vesúvio
é onde rebentam os eflúvios
do vinho que, nas pipas,
amadurece sozinho.

Felizes os amantes
que na forja de suas carícias
dão a roer os ossos
às almas de seus corpos.

Eles as habituam
às delícias
do jogo lento e poroso

– para que *elas, de repente,*
sintam, na sua exclusão,
amargas saudades
de sua pseudo-inutilidade.

XXXVII. A TRAMA

De sua *inutilidade*?

Amantes e amados,
ouvi:

as almas e os corpos
nascem entrelaçados,
e caminham ambos
pelas mesmas calçadas.

Mas o milagre do amor
consiste em conduzir o corpo
ao extremo limite
do experimentável.

Depois é preciso
pedir à alma
dentro de sua
rarefação
que mostre o paraíso
do inatingível.

XXXVIII. TRANSBORDAMENTO

Além do *tangível*?
Mas não da experiência
que é algo mais que ciência.

É aquele toque de mão
perdido no ar,
que apanha, de súbito,
o que não se sente.

No beijo,
mais do que no êxtase,
fulge a promessa
do que fica:

a noite magnífica,
e inextinguível
de uma perda de si
e de um ganho:
– o do navegador
que queima a frota inteira
para não regressar
ao lar.

XXXIX. PREVENÇÃO

Nunca compares o corpo
de uma fêmea ao de outra fêmea.

As impressões digitais
de suas pernas e línguas
são inacessíveis aos que as devoram,
ou são devorados por elas.

Toda noite de amor
esgota-se na sua edição,

e a memória de todos os périplos
– para uma mulher que ama –
é a da última cama.

XL. O SEGREDO

Sempre que te deitares
com uma mulher,
não lhe perguntes
o que ela pretende.

Jamais poderias dar-lhe
(sem que ela logo te traia)
o universo que ela esconde
debaixo de sua saia.

Dá-lhe com generosidade
o que tens para lhe dar,

e pede-lhe desculpas
por não seres onipotente.

XLI. APRIMORAMENTO

A melhor estratégia
para um coito feliz
é dar-lhe, dar-lhe, dar-lhe
o pão que cozinhas
no forno de sua boca.

Tu mesmo recebes dela
o que ela também não possui
no seu côncavo de luz.

A pobreza de ambos
fará que vossos corpos,
e vossas almas, tenham
a coragem de mostrar-se
como quem espia,
do interior de um ninho,
os caminhos,
e seus espinhos.

XLII. REALISMO

Deitar-se com uma mulher,
dependendo o amor,
é cair num precipício
ou subir à estratosfera.

No corpo apenas existe
o esboço da felicidade.

Feliz de quem desconfia
que o ditoso (como no vinho)
está além dos cachos curvados,
e habita o nicho infinito
do gosto, engendrado
na terra.

XLIII. DEPOIS DO AMOR

Pode ser que ela deseje
ir além do que vós fostes.

Sê atento ao seu anseio
que volta a aquecer-lhe o seio.

É então que a mulher é linda.

Talvez teu maior prazer
consista na exótica iguaria:
fruir de sua beleza
não revelada a ninguém,
a nenhum dos seus parceiros.

É nesses momentos de exaustão
e ilimitado desânimo
que deves beber,
sossegado,
teu gole mais demorado.

XLIV. INSISTÊNCIA

Insiste, tu, por primeiro.

Não lhe deixes a primazia
de te roubar a alquimia
de um corpo a corpo maior.

Caminha, lado a lado,
com os teus flancos, se tocando,
e as mãos um pouco apoiadas
no seu esponjoso quadril.

Ama-a, se queres exceder-te
como ela se excede em ti.

O macho que se economiza
acaba por não saber
se amou ou não amou.

E depois (pasmai!)
acusa seus pobres bois
de lhe terem comido a grama
sobre a qual rolavam os dois.

XLV. BRINQUEDO

Não fiquem os dois brincando
de se esconder no amor.

Que fazes do umbigo dela
se ele é perfeito e circular
e lhe joga o corpo para a frente?

Goza desse pseudo-orifício
que sugere todos os outros.

Quando provocados, os corpos
não se dão pela metade.

Até as almas, arrastadas
pela paixão, não recuam mais.

Amar é arremessar-se, de vez,
por uma janela que termina

onde o mundo começou,
e onde ainda se amplia.

XLVI. TREINAMENTO

Mulher, nunca te engrandeças
além do tamanho de teu púbis.

Sê, também, despretensiosa.

És infinita por minutos,
e a doçura de teus pelos
e feromônios
não sobrevive à tua metragem.

A viagem que fazes
principia no infinito,
mas se conclui num apito
que te chama ao campo concreto
onde – pobre de ti – és um objeto
em cujo topo se apinham zeros.

Aprende a suspeitar de tuas coxas,
de teus seios, de teu pescoço,
de tua fenda prodigiosa
que concentra o incrível esplendor
de todas as rosas.

Aprende a medir-te em pé
– ou deitada, ou possuída.

Serás mulher feliz
se em ti, maior do que tu,
cantar como uma cotovia
tua vida, e tua alegria.

XLVII. RETIRANDO O VINHO DA ADEGA

Depois do coito... o animal
se enrodilha no seu sono.

Parece triste, porém
não é triste, nem alegre.

É animal. Não se pode
convertê-lo em puro espírito.

Amam-se, exclusivamente, aqueles
que se declaram mortais.

Nessa macia mortalidade
aloja-se o grão de trigo,

que distribui aos corpos rotos
sua eternidade, e seu jazigo.

Se o grão não morrer, não vinga,
se o grão não cair no chão:

não soará a trombeta,
nem o Amor vencerá a morte.

XLVIII. SOUVENIR

Lembrai-vos, Amante e Amada,
que num canto da ramada
balançam vossos crânios.

Não vos dissuadam do amor
tais prenúncios do fim.

Em cada amor que se extingue
uma semente faz eclodir
a primeira noite de amor,

aquela que a Serpente não viu
porque Eva a distraiu
da maçã que queria dar-lhe,

e Adão, ladino, aproveitou
a distração da cobra, e beijou
o rosto de Eva, tal qual
Deus o tinha imaginado.

Isso tornou o amor, para sempre,
imaculado.

XLIX. ELEGIA: O VINHO E O AMOR

(A Izabel e Paulo Zielinsky)

Imagina que esta taça de vinho
veio das entranhas da terra,

e que as uvas, que a precederam,
vieram de onde veio o sol.

Imagina que amas o vinho,
e que bebeste com ele o sol,

e que tu, que amas a lua,
bebes, também, a nudez da lua

e, com ela,
tua alma, que está à janela.

Imagina algo mais:
que, ao beberes o vinho,

bebes a própria mulher
e, ao bebê-la, o que ela é:

seus filhos, concebidos ou não,
seus objetos, sua tristeza,

sua casa, suas frustrações,
seus perfumes, suas traições.

Imagina-te, tu mesmo:
bebendo, também traído,

as astúcias de sua mão!
E, como a trais, talvez

mais do que ela,
imagina-te bebendo
tua própria traição.

Imaginem-se, agora,
vocês dois,
amando-se sobre um campo em flor,
bebendo a cor do vinho,
que é a cor do ouro e das rosas.

Imaginem-se, depois,
numa estrada solitária
sorvendo o vermelho das romãs
brincando com a lâmina chamejante
do fogo, que se eleva a sós,
e se nutre do que o destrói.

Sim, o vinho, que tu bebes,
é tua própria vida.

Talvez, até, ele seja
teu amor volúvel,

ou teu amor *eterno*,
– se o beberes sabendo
que em cada corpo
palpita o universo!

Na taça, que na companhia dela
ambos vocês contemplam,
pode ocultar-se – atravessada
por um raio de luz –
a própria luz de Deus,
que te convida a dar
mais de ti aos outros,
e tudo de ti,
para salvar teu amor.

Não se bebe vinho quando se deseja
ser feliz,
sozinho.

Em cada gole que tu saboreias,
teu destino repica, docemente,
como um sino que sente saudades
de si mesmo.

Procura beber, sempre, em companhia,
junto à tua mulher, ou a teus amigos.

Procura, sempre, a companhia
de alguém a quem amas,
e se não amas... bebe por ela
(para que seja mais bela).

Mas, se amares quem te ama,
terás, por fim, o segredo da chama:

que te envolverá em outras chamas.

Se nem isso te seduz...
bebe pela salvação da humanidade.

Talvez a felicidade, ela mesma,
te procure, num último encontro,
no lugar em que pensas
que estás definitivamente perdido.

Ela te conduzirá, então,
pela mão, aonde nunca quiseste ir:
a um amor
que não tenha mais ir e vir.

L. EROTISMO E POESIA

I

A poesia que se pretende erótica corre dois riscos: o de tornar-se séria demais – ou o de tornar-se frívola.

Eis porque considerei sempre minha fonte primeira de inspiração *O Cântico dos Cânticos*, "um poemazinho fulgurante, dedicado sobretudo à feminilidade, porque nele a mulher é mais protagonista do que o homem, apesar do sedimentado machismo do Oriente do qual provém".*

Esse poema de amor é o modelo do lirismo erótico. Suas referências são claras, o poema não é alegórico, ou povoado de subterfúgios, e o sentimento, que perpassa os versos, é de uma delicadeza insuperável.

O romancista Robert Musil (1880-1942) escreveu: "Não há nada mais belo do que o *Cântico dos Cânticos*".**

É verdade que a tradição judaica e a tradição cristã, durante algum tempo, tentaram "pasteurizar" o erotismo desse livro. Atribuíram-lhe sentidos abstratos, tidos por espirituais.

Com o transcurso do tempo, tanto os judeus como os cristãos perceberam que seria antibíblico forçar o texto a dizer o que ele não queria dizer. Aos poucos, os exegetas começaram a admitir que o sentido primeiro do poema era o de um poema de amor, à maneira dos poemas egípcios e mesopotâmios, dos quais lhe veio a inspiração.***

Hoje, a maioria dos intérpretes admite que o *Cântico dos Cânticos* é um livro cujo erotismo é elevado ao seu ápice, mediante uma expressão poética que o despoja da mais longínqua vulgaridade.

---

* RAVASI, op. cit., p. 9.
** RAVASI, op. cit., p. 15.
*** RAVASI, op. cit., p. 148.

Volto a insistir: o *Cântico dos Cânticos* é minha primeira inspiração.

Num poema erótico deve-se dar o devido lugar à corporalidade, à sensorialidade e à própria sensualidade.

Não se deve ter vergonha de celebrar o que Deus não teve vergonha de criar. Este axioma da tradição cristã deve ser evocado, quando se aborda a possibilidade de uma poesia erótica cristã.

II

A outra fonte de minha inspiração é a Poesia de Amor Cortês da Idade Média.

A Poesia de Amor Cortês principia com Guilherme IX, Duque de Aquitânia, Sétimo Conde de Poitou, avô de Alienor de Aquitânia.

Alienor foi casada, em primeiras núpcias, com um Rei-Monge, Luís VII de França.* O rei tinha dezesseis anos, Alienor, quinze. Após ter-se divorciado desse monarca, casou com o Rei da Inglaterra, Henrique II Plantageneta.

Sobre Henrique II, escreveu uma das biógrafas de Alienor: "Era um marido notoriamente infiel. (...) Tinha prazer em procurar as prostitutas ao longo das margens do Tâmisa..."**.

A corte de Alienor, no seu Ducado de Aquitânia, em Poitiers, foi um dos focos difusores da Poesia Amorosa Medieval.

Bernard de Ventadour, nome ilustre dessa poesia, foi considerado, sem razões históricas confiáveis, amante de Alienor, antes de seu casamento com o Rei Henrique II. Jean Markale, na sua conhecida biografia de Alienor, refuta tais atribuições fantasistas, repletas de grosseiros erros históricos.***

O mesmo faz Marion Meade, que anota: "Por direito de herança e por sua própria inteligência, Alienor era muito bem-equipada

---

* MARKALE, Jean. *Aliénor d'Aquitaine*. Paris, Payot, 2000, p. 35.
** MEADE, Marion. *Eleonor de Aquitânia, uma biografia*. São Paulo, Brasiliense, p. 174. Ver também: MARKALE, op. cit., p. 50, 52-59.
*** MARKALE, op. cit., p. 176.

para o papel de crítica literária e mecenas, e rápida em identificar o talento artístico. Eis porque ofereceu patrocínio a Bernard de Ventadour, um poeta de talento que fora banido de seu último local de trabalho por insinuar-se de maneira imprópria com a dama do castelo.(...) No século seguinte afirmar-se-ia que Bernard se tornara amante de Alienor, mas na época não havia insinuações de excessiva familiaridade".*

A Poesia de Amor Cortês influenciou a *Vida nova*, de Dante, bem como a produção dos demais poetas do *Dolce Stil Novo*. Dante cita, na sua *Divina comédia*, um de seus autores prediletos, o provençal Arnaut Daniel.

A Poesia Amorosa da Idade Média chega a ser lasciva e obscena nos poemas de Guilherme IX. Exemplo disso é o seu famoso poema "O teste do Gato", título que Augusto de Campos deu à versão desse poema em português.**

III

Minha terceira influência é John Donne, e os demais poetas da Poesia Metafísica Inglesa dos séculos XVI-XVII, aproximadamente entre 1592, quando John Donne começou a escrever, e 1678, quando morreu Andrew Marvell, o último dos grandes.

Considero o poema "Elegy: Going to Bed" ("Indo para o leito"), de John Donne (1572-1631), um dos mais belos e profundos exemplos de poesia erótica. A tradução de Augusto de Campos possibilita ao leitor brasileiro uma ideia adequada do original.***

---

* MEADE, op. cit., p. 157-158.
** CAMPOS, op. cit., p. 15-19.
*** Cf. *Poesia metafísica – uma antologia*. Seleção, tradução, introdução e notas de Aíla de Oliveira Gomes. São Paulo, Companhia das Letras, 1991; principalmente CAMPOS, op. cit., p. 123-177.

IV

Fui igualmente influenciado por todos os poetas da língua portuguesa, tanto os autores de Portugal quanto os do Brasil, principalmente os que compuseram poemas de amor, alguns explicitamente eróticos.

Invejo, em especial, Manuel Bandeira.

Menciono como meus inspiradores maiores: Camões, Fernando Pessoa, Miguel Torga, Sophia de Melo Breyner, Drummond e Mario Quintana.

V

A esta altura, surge uma interrogação: que significa ser "**original**"?

Desde meu primeiro livro de poemas, *A surpresa de ser*, compus poemas de amor. São os *Poemas da Nudez*.

Corpo a corpo, coletânea publicada pela primeira vez em Portugal, é toda dedicada à poesia amorosa.

A coletânea *A mesa do silêncio* inclui "Dez elegias barrocas", de idêntica inspiração.

Outro livro, *A dança do fogo*, é dedicado, explicitamente, à poesia erótica, encarada na vida do dia a dia.

Em *Adega imaginária*, esforcei-me por realizar uma síntese entre o Humanismo Cristão e o Erotismo, entendido na sua acepção mais ampla, como um diálogo entre o homem e a mulher, que evoca o diálogo do *Cântico dos Cânticos*.

Um poeta contemporâneo não pode ser tão contido como um poeta de outras épocas. A abordagem é mais realista, o fio condutor mais explícito. Há, inclusive, em *Adega imaginária*, a pretensão a uma informal "Arte de Amar".

Esse livro deve ser considerado um canto jubiloso ao corpo e à alma. A união indissolúvel dos dois só pode ser erótica neste mundo, na condição terrestre. Na Vida da Ressurreição não haverá erotismo – como Jesus o afirmou.

Portanto, a poesia erótica *hic et nunc* deve guindar-se à altura do erotismo possível entre dois seres que se amam, o macho e a fêmea, encarados na sua animalidade, e o homem e a mulher, encarados na sua racionalidade.

Gostaria que um raio de luz atravessasse os poemas de *Adega imaginária*.

Cabe à luz iluminar, obliquamente, o mistério da sexualidade com a promessa de um amor superior a todo amor viável neste mundo.

Parte II
O relincho do cavalo adormecido

A meus netos,
Ingrid, Eduardo e Carolina,
para que não esqueçam a definição de *poesia*
de Charles Baudelaire:
a infância reencontrada.
A tão bela definição ouso acrescentar:
é uma infância que nunca envelhece.

Até um artista sabe que a sua obra não esteve nunca em sua mente, ele não poderia nunca tê-la pensado antes que ela acontecesse.

D.H. Lawrence

DIÁLOGO ENTRE MARCO ANTÔNIO E CLEÓPATRA

I. MARCO ANTÔNIO:

– *Enganei-me, Cleópatra!*

Não conquistei teu corpo.
Queria possuí-lo
como se possui uma espada
na bainha,
como se comanda um exército
num campo de batalha,
como se invade uma casa
para roubar uma joia.

Queria dispor
de tuas coxas,
de teus seios,
de tua prodigiosa fenda.

Todos esses tesouros
escaparam-me das mãos,
como escapam dos quartéis
os soldados vilões,
como fogem das redes
os peixes recém-pescados.

II. CLEÓPATRA:

– *Também enganei-me,*
Romano!

Nasci Rainha,
não escrava.

*Vós, romanos,
não amais
vossas mulheres!
Elas são talheres
para vossas iguarias.*

*Para poder salvar-me
afoguei-me
na paixão.*

*Eis-nos, agora, perdidos:
tu, vencedor, vencido,
a saborear o amargor
da vergonha;
eu, Rainha,
a quem uma áspide
oferece a mísera joia
de seu veneno.*

O PINTOR E SEU QUADRO

Não há mulher que não entenda um verso
que ela imagina feito para ela!

A mulher não se convence que a janela
se escancara para a noite e o universo.

O mundo, que dali se vê, por ela,
perde-se na vastidão do que se vê.

Pobre mulher: tu és essa janela,
e é através de ti que o céu é visto.

No teu corpo existe apenas isto:
uma paisagem que não termina
na tela.

VISITA

Visitei o antigo cemitério
onde os sepulcros iluminados
contêm ossos calcinados
e caveiras de fundas órbitas.

Por que vales e colinas
se dispersaram
tantos cérebros e corações?

Ao lado dos ossos florescem
margaridas e violetas.
De longe em longe, sobre elas
pousam borboletas.

Olhei para o sol que lentamente
desaparecia no horizonte. Brotou
uma lágrima de minhas pálpebras.

Como quem sai de um sonho,
tive vergonha de ser homem.

PUDOR

Em cada noite de amor
uma estrela surge
no firmamento.

Em cada amplexo amoroso
um corpo, talvez, expire
sobre um leito.

No céu estrelado – e imenso –
quantos amores permanecerão vivos?

Em cada noite de amor
o mundo alarga-se,
mas o coração dos homens
fica menor.

POÉTICA MENOR

Este poema nasceu de uma lágrima!

Quero-o solidário, generoso,
fruto maduro
que se oferece a um hóspede.

Que ele seja para ti
um pouco de sol
inoculado nas veias.

Ao leres este poema, leitor,
lembra-te que o poema
nasceu triste.

Se estiveres desalentado,
e não puderes fazer
um poema,
faze, ao menos, uma boa ação.

Uma boa ação é um poema
que só o coração é capaz de ler.

PRECE HUMILDE

Sempre Vos disse,
Criador Misericordioso:

– *Se eu fosse onipotente,*
faria feliz meu cão!

Na hora de minha morte
escutai *os latidos*
de minha alma.

EM PRAGA

Numa feira popular, um velho artesão
mostrava a turistas curiosos
como se fabricam os cristais.

Ao pé de um botijão de gás,
(a ronronar como um gato irascível)
modelou sua peça.

Os circunstantes distraiam-se
com a obesidade de sua mulher,
uma tcheca alta e loura.

Ao terminar a modelagem,
o artesão lançou a peça,
de um verde de nenúfar,
ao caldeirão:

– *Se quiserem comprar algo,
vão à barraca do outro lado!*

Depois, com sobranceria,
emborcou meio garrafão de vinho.

De retorno ao hotel, pensei:

– *Não terei estado
na companhia da alma penada
de Miguel Ângelo?*

ECOGRAFIA

Qualquer poeta sonha exibir nas mãos
as palavras que lhe nascem na boca.

Cada palavra jorra, unida ao ar
do qual depende a vida.

Mas a palavra jamais deixa de ser ar,
mesmo esculpida nalgum lugar.

Ela nunca se trai: seu berço
é a respiração da humanidade.

Em seu colo sobeja sangue,
baba e cuspe, uma vez
que toda palavra nasce suja

– como nasce a criança em sua placenta.
Mas há uma diferença em tudo isso:

a placenta separa-se da criança;
o poema, nunca da palavra
que o sustenta.

Não há poema, por mais belo e puro,
que não mostre dejetos de infelicidade.

Mas na palavra existe, estranhamente oculta,
uma traição à própria infelicidade.

O poema só é poesia pura
quando no seu bojo a força da poesia

ultrapassa sua harmonia,
e a metáfora, que no poema é essência,

cede lugar à transparência.
O verdadeiro poema corporifica-se

na hora em que o autor
dá o último suspiro.

À luz da morte,
todo poema é vão.

O LÍDER

Estamos circundados pelo mistério,
e nossa luta consiste em fugir à luz.

Reparem: diante de nós as grávidas
passeiam, carregadas dos frutos da terra

(os que a solidão, às vezes, produz).
À nossa frente, anciãos também inclinam-se

com suas frontes pré-iluminadas
pelos segredos do Universo

que desejam perscrutar
antes de mergulharem no sono da morte.

Não serei, eu também, um mistério?
Surpreendo no meu rosto outro rosto.

É o de alguém que já deixou de ser.
Minha originalidade é ser um Outro.

Quando ao meu redor tudo em frangalhos rui,
percebo que sou quem ainda sou.

E, para meu estupor, também sou
quem nunca fui, nem nunca o serei.

CONTRA A INSÔNIA

Insones de todo o mundo,
uni-vos!
Sois
350 milhões de mortais!
Não conseguis cerrar os olhos
como os cerram,
à luz das estrelas,
os canibais.

Revelo-vos meu segredo,
com a meiguice irracional
de um cachorro:

– *Deitai-vos, e adormecei,*
onde quer que estejais,
como se o mundo não existisse!

É assim que dormem
os grandes deste mundo!

É assim que dormem, também,
os líderes religiosos,
que se dizem ansiosos
para defender a *Taxa Tobin*,
constrangendo os monges budistas
a quebrarem suas tigelas,
e os frades franciscanos
a bradarem aos banqueiros
do Vaticano:
– *Clama la lengua e 'l core:*
Amore, amore, amore.! *

---
* Verso famoso do poeta franciscano italiano Jacopone da Todi.

SÍNDROME DE DOWN

Diante do menino,
que sorri à minha presença,
pergunto-me:

– *Será feliz?*
Será infeliz?

Nós o defendemos
do assédio do irracional
sob o toldo protetor
da racionalidade.

O menino permanece
imerso na Eternidade
sem saber que está,
e pensa – caso pense –
que as coisas da humanidade
estão bem no seu regaço.

Nós?
Fugimos ao Mundo-Cão,
que se aproxima de nós
para nos lamber as mãos.

LUTO

Perante um cadáver,
a poesia cala-se
como diante de uma árvore,
arrancada com suas raízes.

Perante a morte,
o poeta cala-se.

Deve ficar calado
semelhante a uma pedra
sobre a qual se sentou
um mendigo.

Se o poeta for poeta completo,
talvez não volte mais a falar.

É que existe no luto um mistério:
o do nascimento que aprisiona a morte.

Mas a morte morre todos os dias,
e a vida morre uma só vez.

HOMENAGEM A UM SOLITÁRIO

Desde que nasce
o poeta prepara-se para escrever
um verso,
elíptico e essencial,
onde a poesia adormeça
e não acorde senão
quando todos os homens
estiverem mortos,
e deles nada fique
exceto um sapato,
um anel, um copo,
o breviário de um Papa
sobre um travesseiro,
uma mecha de cabelos
de mulher, em cujo lado
um cinzeiro dos tempos antigos
ri-se de um cigarro semiapagado.

O AMANTE

O amante da mulher
deixou-a, ao ver aproximar-se
o enfarte que a abateu,
quando, novamente,
desejou amá-la para sempre
como se ama um pobre cão
que se deita a nossos pés
num dia de chuva.

O cão latia tão tristemente
que ele pensou que quem latia
era seu próprio coração
à procura de Deus.

O TEMPO E O VENTO

Mulher:
se te disserem
que és insubstituível,
bela como as rosas,
cálida como os vulcões,
alegra-te do que ouves.

Depois, entrada em ti,
ri de teus lisonjeadores.

Teu corpo
rirá, solidário, contigo.

Tua alma sentirá,
talvez pela primeira vez,
tua condição de fêmea,
num mundo onde existe
apenas tua humilde sede,
superior ao grito da carne
e às promessas do vento.

A UM JOVEM APRESSADO

A mais inesperada
declaração de amor
aceitável neste mundo
talvez seja:

— Ama-me,
e não te esqueças
que, depois do amor,
não serei a mesma.

ADOLESCENTE

Se me amas, não esperes
que eu te ame.

Quero amar-te,
mas amar é uma invenção.

Deixa-me, primeiro,
amar-me a mim mesmo.

Depois poderei
dizer-te se te amo,

ou se és, para mim,
uma ocasião

que me torna ladrão
de minha própria nulidade.

AMOR NA TERCEIRA IDADE

A velhice pode não ser
idade ideal para o amor.

Mas amar, na velhice,
é arremessar um balde a um poço

onde, se houver água,
a água que vier

matará a sede do homem
e, ainda mais, a da mulher.

SE VIRES UMA CRIANÇA

Se vires uma criança a chorar,
chora com ela.

Se a vires nua,
é a ti mesmo
que contemplas
na outra face do espelho.

Se a vires morta,
vês a ti mesmo
duas vezes!

Se amares uma criança,
ela te salvará.

Mas se não conseguires amar
uma criança,
mesmo que ames uma mulher
e nela resgates tuas traições,
estás perdido.

PARA SEMPRE

Inútil persuadir
uma mulher
a te amar,
se no íntimo
não a desejas amar
para sempre.

O problema não é dela:
é teu.

Ainda que os corpos
sejam infiéis
e desejem, no fundo,
a posse de todas as mulheres,
tua alma é uma só.

Mesmo que tua alma
poucas vezes se entregue
ao mesmo tempo que teu corpo,
o corpo dela
exige tua alma.

O SILÊNCIO DOS CORPOS

Resiste ao teu corpo,
e teu corpo
amará outro corpo
quando tua alma estiver em férias.

A tragédia ocorre quando
o corpo se encontra com outro corpo,
antes de se encontrar
com a própria alma.

Dois corpos em silêncio
não se suportam meia hora.

Duas almas em silêncio
podem suportar-se
durante um século.

SIM E NÃO

Quando uma mulher diz *não*,
ela diz *não*,
podendo querer dizer *sim*.

Quando ela diz *sim*,
pode querer dizer *não*.

É difícil saber
quando uma mulher
não diz *nada*,
e seus olhos dizem *tudo*.

SERÃO DOIS NUMA SÓ CARNE

Quem procura uma mulher,
procura-a porque deseja
amá-la.

Entre um homem
e uma mulher,
estende-se o espaço
preenchido por um corpo.

Entre uma mulher
e um homem,
interpõe-se o tempo
preenchido por duas memórias.

Quem ama uma mulher,
ama seu espaço,
e quem ama um homem
ama seu tempo.

Mas a memória de ambos
não é uma só memória.

Cada parceiro
nasce à parte, cada um
no seu berço,
na sua janela.

O espaço do homem sobrepõe-se
ao espaço da mulher,
sempre que os corpos
confluem numa só carne.

No esplendor do êxtase
eles – de dois – ficam um só.

Mas quando o amor envelhece
subsiste uma única memória,
como o enxerto na videira
se torna uva da mesma cepa.

O mais apaixonado amor
converte-se numa comunhão,
que não consegue jamais
ser solidão vencida.

É uma solidão – se o amor floresce –
que dá a mão à outra solidão,
ex-solidão
esquecida da própria história.

Solidão vencida existe apenas uma:
a solidão de duas almas
em corpos envelhecidos,
que se fundem
na foz de uma única memória.

A PRIMEIRA MULHER MODERNA

Alienor de Aquitânia,
esposa de Luis VII de França,
casou-se, já divorciada,
com Henrique II de Inglaterra.

Num momento de desespero,
escreveu: "*Eu, Rainha da Inglaterra,
pela cólera de Deus...*".

Não houve mulher mais lúcida
do que essa fêmea de ferro,
à qual Rosamunda Clifford
tentou roubar o amor
de seu macho vilão.

Rainha ou camponesa,
musa de jograis e trovadores,
ela foi a primeira mulher
do Ocidente que teve
a intrepidez
de ser mulher
toda, e de uma vez.

HOMENAGEM AOS CÃES

Muitos imaginam
que os cães
não têm *alma*.

Eles possuem uma alma
quadrúpede
que lhes permite olfatar,
pensar, amar,
mas não como amaram
os reis da Mesopotâmia,
os faraós do Egito,
Júlio César e Napoleão.

Os cães comportam-se
de acordo com preceitos
de uma ética que se aproxima
menos à de Aristóteles
que à de Spinoza.

A maior prova de que os cães
são irracionalmente lúcidos
é que não submetem
o instinto à razão,
ainda que a razão deles
seja mais próxima da de Pascal
do que da de Kant.

A última palavra canina
(o último latido)
pertence, entre eles,
ao instinto.

Excetuados os períodos
de cio, quando a animalidade
lhes impõe a preservação da espécie,
os cães – e as verdadeiras cadelas –
encantam por sua discrição,
equilíbrio e castidade.

Eles só têm um defeito:
não mostram interesse
pela música.

Adoro os cães:
dão-nos lições
de pré-humanidade,
quando não
de límpida humanidade.

CRIANÇAS

Imaginemos um mundo sem crianças.

Um mundo
sem lábios,
lábios sem sorrisos,
sorrisos sem silêncios.

Poderíamos prescindir dos sábios,
dos cientistas
e dos filósofos.

Mas um mundo sem crianças?

A morte teria medo
de aproximar-se desse mundo.

A morte é o teste
da infância:

quando morre um adulto,
alguém falta no mundo.

Quando morre uma criança,
morremos todos com ela.

AGRADECENDO A VAN GOGH

Passamos ao lado de flores
e não olhamos para elas.

Quem olha para uma orquídea,
olho no olho?

Quem contempla uma violeta,
ou uma flor de amendoeira,
como se estivesse vendo
um manuscrito de Dante?

Foi preciso vir Van Gogh
esbofetear-nos com seus girassóis!

PAUL CÉZANNE

Não blasfemem de Paul Cézanne!
Cézanne via o que queria pintar,
e só pintava o que via.

Pintou dezenas de vezes
a Montagne Sainte-Victoire
insulado em Bibemus,
onde ele – o privilegiado –
era capaz de apanhar um açucareiro
e acariciá-lo como se acaricia
um seio de mulher.

WOLFGANG AMADEUS MOZART

Foi um vulgar.
Suas cartas transbordam de obscenidades.
Eis o que caracterizava o músico
visto pelo binóculo invertido
da carteira de identidade.

O gênio
era um leão que saía à noite,
para caçar melodias
no deserto da estupidez humana.

Surpreendia gazelas nas planícies;
rasgava, com a pata dianteira,
o pescoço de girafas
que se inclinavam nos bebedouros.

Quando ouvirdes Mozart,
lembrai-vos de suas vulgaridades
(para poder comparar-vos a ele).

Depois, lembrai-vos
de suas angústias e terrores,
de suas obsessões infantis,
para solidarizar-vos com ele.

Talvez, nesses instantes,
o leão, que o habitava,
se digne a lamber-vos
os ouvidos.

ADMIRAÇÃO

Guarda tua admiração para as formigas,
para os besouros e vagalumes
que transformam as noites de verão
em invisíveis rendas de Bruges.

Guarda tua admiração para objetos
como a agulha e a linha,
a xícara em que bebes teu café,
a taça onde teu vinho se move
com a lentidão do sangue que flui
de um ferimento.

Guarda tua admiração para homens
que não saem da obscuridade,
porque a luz que existe neles
provém de suas pupilas.

Guarda tua admiração
para tua própria morte,
que nunca te abandona,
e te é fiel.

É possível que um dia
venhas a dedicar-lhe
o carinho inexplicável
que os inimigos têm
para com os que os venceram.

FEIJÕES

Ei-los, em nosso prato.
Feijões comidos à mesa,
com o arroz.

Feijões – criaturinhas
que pomos na água
para detectar
as impurezas que se intrometem
na pouca importância que têm.

Sem eles, os medievais
não teriam construído
as catedrais.

GIORGIO MORANDI

Morandi não pintava
garrafas e cerâmicas que, em vez
de estarem cheias de líquido,
vinho ou água,
transbordavam de interrogações,
de enigmas, e soluços.

O pintor, com as cores
emagrecidas de suas telas,
extraía o que restava
de velhas bocas desdentadas.

Apanhava a luz
e a lavava, como uma lavadeira
esfregando-a na sua tábua.

Os que buscam, nas suas pinturas,
o que fascina os olhos,
ignoram que a pintura é arte
para cegos.

A BOATE

As adolescentes, que rodopiam
nas danceterias, não dançam,
mas, quase sempre solitárias,
erguem as cabeças para o teto,
bebendo água mineral ou álcool,
para não se desidratarem.

Colocam entre parênteses,
suas angústias e desesperos,
e feridas malcuradas.

Abandonam tais locais
com a exótica sensação
de terem amado uma joia
que lhes pende do pescoço.

ANESTESIA

Anestesia: dádiva celeste
para a nossa rebeldia!

Na aurora dos tempos,
como meninos imprudentes,
abrimos a caixa das serpentes.

Prevenida, a natureza
trouxe-nos nas entranhas
os antídotos.

Nossas dores são adormecidas
pelas drogas inoculadas
em nossas veias amolecidas.

No fundo, não passam
de borboletas endocrinológicas
que distraem nosso sofrimento,
e nos mergulham em misteriosos
e subcutâneos abismos.

Talvez venhamos a descobrir
que a morte
é a anestesia-mor.

Uma anestesia
que, por pudor,
não diz seu nome.

CÁQUIS

Da janela do meu apartamento
observo o pátio da casa ao lado,
onde os cáquis principiaram a amadurecer.

Estão
em fase de maturação

De longe, apalpo-os:
carnudos, rijos,
como seios de adolescentes
que o leite não visitou.

HOMENAGEANDO YEATS E UM REPÓRTER

Querido W.B. Yeats:

– *Quem sonhou*
que a beleza passa
como um sonho?

Penso em ti, nesta manhã
em que um repórter
evocou uma modelo ucraniana
que viu, *en passant*,
num trem europeu.

A modelo desapareceu
no fim de uma rua...

Ficou nua, totalmente nua,
só na memória do repórter,
e na imaginação
de um leitor de uma cidadezinha mineira,
que desconfiou que aquela mulher
era a sempre citada,
e nunca encontrável,
Mulher Eterna.

O VERSO

O verso (não) *é um vaso santo,*
como o celebrava José Asunción Silva.

É uma escarradeira,
uma panela,
um guarda-chuva,
um paraquedas
que o coração utiliza
para se lançar do mistério à trivialidade,
dos braços de Deus aos braços do diabo,
ou – deixemo-nos de literatura –
do tédio que o sufoca
aos braços de uma fêmea.

CONSTATAÇÃO

Rubén Darío percebeu
que o caracol
possui a forma de um coração.

Teria sido mais atento
se tivesse percebido
que os corações humanos
são caracóis,
que transportam nas costas
sua casa e, escondidos nelas,
até seus amantes.

EPIGRAMA

As mulheres,
as belas,
supõem que a beleza
depende delas.

Supõem (as inteligentes)
que os amantes as admiram
por si mesmas,
por suas sequelas.

Seria oportuno
rogar a Zeus que mandasse
de vez em quando à terra
Diógenes, o Cínico,
para dizer às belas,
do interior de seu tonel:

– O néctar não é o mel.

À MEMÓRIA DE OMAR KHAYYAM

Quando, por curiosidade,
um atrevido leitor
folhear os anais do século XXI
e mostrá-los
a Omar Khayyam,
o matemático, o astrônomo de Nishapur,
talvez ele sorria amargamente
e diga:

– *Essa gente não merecia ter nascido!*
Como não é lícito
opor-se aos desígnios de Alá,
desprezemos seus escritos.
Mais proveitoso será escutar
um canto de galo.
Tais gênios têm a pretensão
de se terem por iguais
(mesmo sendo adoradores de Alá)
aos anunciadores da madrugada.

SOBRE FORMIGAS

Não há coisa mais bela
do que uma formiga a carregar
uma folha
cem vezes maior do que ela.

A carregar?...ou a vogar
em soberbo barco a vela,
sacudido pelo ar?

A formiguinha assemelha-se
aos viventes, já sem forças
quando sobre eles desaba a dor.

Uma formiga não morre
como morrem os mortais:
desiste de existir.

O GRANDE AMOR

Não te apresses em encontrar
o grande amor!

O *grande amor*
deve existir
em algum pomar do mundo!

Talvez floresça,
fechadíssimo,
no coração de uma mulher
que nunca te viu,
nem a verás.

Talvez *o grande amor*
seja
tua indefinível
ideia de Deus.

ATO-CONTÍNUO

A mulher que se desveste
nunca se desveste sozinha;
ela desveste o pão e a crosta
para mostrar a farinha.

Dentro da crosta vislumbra
o fértil sêmen masculino
e, em seus refolhos de fêmea,
a morte que lhe vigia o destino.

A mulher que se desveste
explica-se na sua nudez.
É engano imaginá-la
ali, cativa, de vez.

A nudez engana e ilude
quem a vê na palma da mão.
Nudez é luz que resplandece
no côncavo da noite.

Todo afago mente, como
mentiroso é no ouriço
sua espinhenta traição,
A mulher é o fixo.

A mulher que se desveste
desveste o mundo e a psique
do próprio interpelador.
Amor, que se preza, adora

a nudez que sobrevém
ao amor que descontrola

as engrenagens do trem.
A nudez, sim, resiste

aos nós do polvo sexual,
e só se rende, feliz,
ao veludo, não à estridente
cor da rosa recém-florida.

A rosa leva o amor à sua torre,
ao seu abismo inacessível.
Nunca repara nas vestes
que a espreitam, no assoalho.

Desvestir-se – para a mulher –
é confrontar-se com o macho,
mostrando-lhe que o prazer é um só,
mas a traição, dupla.

Só não há traição no corpo
quando este, desvestido,
contempla o corpo fronteiro,
nele vendo o próprio corpo.

Não um corpo dominante,
mas um corpo que se entrega,
como quem bebe da água
onde, a seguir, se afoga.

O DITADOR

Eu o defendo:
– O Ditador é um coitado, que as multidões exaltam
para vê-lo, por fim, arrasado.

As massas bebem-lhes
os discursos, deslumbradas.
Amanhã ou depois, as escadas
são retiradas, e o ídolo cai.

Como não chorar tal grandeza
composta de vento e corrupção?
Nem um oceano de lágrimas
lavaria tamanha presunção.

Nos seus palácios o Ditador
chora sua trágica solidão.
Mas o amor, quando ali existe,
não o deixa ter compaixão de si.

Ao morrer, com o Ditador
morre o mundo
que ele imaginava para si.

Sua desdita é ser Ditador,
e precisar de todos.

O Ditador morre de pé
como um galo.
Nem uma amante voluptuosa
conseguirá levá-lo

apaziguado,
ao pó.

O Ditador morre de pé
porque morre só:

só, só, só.

O ASSASSINO E SUA VÍTIMA

O assassino mata-se a si mesmo
ao matar a quem ama.
Mata seu coração, para
não adorar seu ídolo.

Querer o corpo somente
como um fruto apetecido?
Pobre coração de homem!
És um canibal que te ignoras.

O assassino só não se mata
porque tem dois dentro de si:
a criatura que ama
e a criatura que o inflama.

A criatura que ama
é vida a pedir passagem.
A criatura que o inflama
é boca que se come a si mesma.

A QUEDA DAS MÁSCARAS

Para que tanta agitação na vida?
Modera teus passos.
Se possível, mede-os
pelos passos de um ganso.
Caminha como quem se apercebe
que o descanso
é jantar de fim da viagem.
(Toda viagem leva
além da luz, além da treva.)
A última viagem,
não a podes cumprir
se não palmilhares um caminho
entre amoreiras e seixos.

A morte é a chegada,
inesperada, de alguém
que se atrasou no serviço
e vê que o essencial consistia
em aguardar a primavera,
o verão, o outono, o inverno,
quando os frutos, ardilosamente,
fogem à mão e aos lábios.

O melhor beijo
há de ser o da morte:
tombadas as máscaras,
os amantes percebem, aturdidos,
que os amores mais formosos
foram os amores sofridos,
os amores que não tiveram
sua floração na partida
– mas na despedida.

BORBOLETAS NA AREIA

Cheguei um dia – era menino –
às margens de um regato
e junto dele, na areia úmida,
vi, a beber, um bando de borboletas.

Bebiam, como se fossem obrigadas
a viajar depois,
por longas estradas.

Qual não foi meu pasmo
quando soube que esses insetos
têm vida brevíssima,
e que algumas borboletas
morrem
(quase) antes de terem nascido.

Compreendi o profundo sentido
de nossa efemeridade
que deveria ajudar-nos
a matar nossa pequenina sede
na areia molhada.

MEU CAFÉ INESQUECÍVEL

Nas imediações da Igreja do Menino Jesus,
em Praga... sentamo-nos
(minha mulher e eu)
num modesto café,
no qual se entretinham
casais de anciãos,
camponeses
e operários.

Uma garçonete
serviu-nos
um líquido escuro,
de sabor indefinível.

Talvez a mosca impertinente,
que voejou ao nosso redor,
e a abelha desnorteada,
que sugava vestígios de açúcar
nas bordas de nossas xícaras,
tenham tornado esse café
o mais delicioso do mundo.

Tão delicioso como os mocas
do poeta Mario Quintana,
que celebrava o *chiar das chaleiras,*
os mistérios encanando com outros mistérios,
e as trepadeiras trêmulas,
sepultadas sob a aparatosa modernidade
de sua metrópole
à orla do Guaíba.

POEMA COM A COLABORAÇÃO DE J.L. BORGES

Amiga,
agradeço-te me teres sugerido
que o nonagésimo nono aniversário
de minha mãe
foi possível somente
porque o *Divino labirinto dos efeitos e causas*
desejava que ela permanecesse
neste mundo,
visto que nele tudo requer uma causa:
causa que o próprio Borges
confessava humildemente desconhecer.

VERSO ROUBADO A UM POETA

"*Quando o amor não conhece amarras...*"

a beleza fica livre
para perseguir outros encantos
nos latifúndios do sexo.

Por que, então, insistem os corpos
em procurar o que já foi achado
pelos cinco sentidos?

Perguntemos a Buda,
a Maomé, a Confúcio,
a Lao-Tsé.

Perguntemos ao Rabi dos Rabis,
que disse ser possível existirem
dois numa só carne.

Ele ocultou-nos a solução
que não reside nas rimas
de corações solitários,
mas nas rimas inexistentes
dos corpos.

Que língua falarão
os corpos?

Poeta Iqbal: pudéssemos saber
onde – quando – e por que
ficaram mudos
nossos corpos!

A IDADE DAS TREVAS

Existiu uma *Idade Média*,
denominada
a Idade das Trevas.

A primeira vez que compreendi isso
foi ao entrar numa catedral gótica:
quem conseguiria explicar
tantos vitrais
nas paredes?

Ao chegar a hora de o sol se pôr,
as trevas reinavam em toda a parte!

A luz, pele da catedral,
enrugou-se, e as trevas passeavam
ao longo das naves.

Sim, estavam aí,
as ubíquas trevas!

Ao sair da catedral,
beijei a escuridão
nas pedras ao ar livre de uma praça,
em Chartres,
onde eu passeava pela primeira vez,
em cujo silêncio a lua,
naquele úmido início de noite,
não tivera tempo
de pousar sua nudez.

O CAVALO

Se eu pudesse
ter ao meu lado,
sempre,
um cavalo!

De vez em quando,
acariciar-lhe-ia
as crinas.

Principalmente
quando não estivesse
olhando para mim.

Um cavalo é uma flor gigante,
máscula e belicosa,
que não se atemoriza
com nada
e arremete contra as nuvens
como um álamo móvel.

É mais fiel do que o cão
porque arrisca tudo.

Ouvir o relincho de um cavalo
é sentir que a batalha foi ganha
ou que ela custou
caro ao inimigo.

Talvez Deus me dê a dádiva
de morrer ouvindo
um relincho de cavalo!

Não pensarei, oh não,
nos cavalos do Apocalipse!

Imaginarei que Alá
esteja vindo ao meu encontro
no dorso desse animal.

A MORTE DE MANUEL BANDEIRA

O Poeta deve ter morrido assim:
primeiramente, apareceu
uma brisa do mar.

Depois, um sabiá
pousou
na janela do seu apartamento.

Finalmente,
disfarçado de malandro carioca,
Mozart desejou-lhe boas-entradas
no Paraíso.

No momento decisivo, um cacto
tombou atravessado na rua.

Nesse instante,
Jesus Cristo
baixou das alturas, vestindo um macacão
de carpinteiro,
e murmurou ao Poeta:

– *A vida, Manuel, não é, como dizes,*
traição!
Não precisas hibernar
em teu verso:
"Os corpos se entendem, mas as almas não".
Amaste muito
e muito foste amado.
Entra no gozo de teu Senhor!

O Poeta fechou, então, os olhos.
Depois tornou a abri-los,
rogando ao Senhor

que lhe permitisse,
pela última vez,
ver uma rosa
sozinha num galho.

PERDÃO

Querem alguns que tudo seja esquecido!
Oh não!
Eu quero que tudo seja lembrado!

Quero lembrar-me das traições
das mulheres, de meus inimigos,
das indelicadezas
de meus amigos.

Morrer como homem, na inteireza
de minha existência entre os homens.

Como um recém-nascido
que voltasse a nascer.

Perdoarei a todos,
e expirarei,
límpido e só,
para que o Criador se compadeça de mim
e me estenda sua grande mão
que os pintores catalães
imortalizaram em seus afrescos.

O SALEIRO

Na hora extrema,
ninguém se assuste
nem trema:

a vida multiplica
os barcos
que balouçam sobre o mar.

Naquela hora,
ninguém fuja de si.

Cada qual diga simplesmente:
– *Meu nome é tal,*
e deixe o sopro, que Deus lhe deu,
fluir de suas narinas,
como flui
um pouco de sal
de um saleiro de prata.

TEIMOSIA

Aferrar-se à vida é suspeitar
da insondável Misericórdia.

Convém deixar-se desenrolar
como meada,
a fim de que o fio
siga o seu arrepio.

E termine, se for o caso,
num nó górdio.

Deus possui
facas só lâminas
à Cabral,
para cortar o nó.

Se preferires, podes entregar-te
ao balanço do mar,
como a criança que adormece
ouvindo uma canção
de Violeta Parra.

RÉQUIEM PELOS TRAÍDOS

Se todas as mulheres
que foram, alguma vez, traídas
se dessem as mãos,
o mundo tremeria.

Mas se todos os homens
também traídos
se juntassem no Vale
de Josafá, talvez reboasse,
no mundo,
um grito tão forte
e insuportável,
que os montes pediriam
para se horizontalizarem
na placidez de um *llano en llamas*.

CENSURA AOS POETAS

Censura-se aos poetas contemporâneos
não desdobrarem aos olhos dos leitores
sua visão de mundo,
seu mapa do coração.

Como seriam eles capazes
de tão alta obrigação
se não conseguem
identificar
o próprio coração?

Alguns dão a impressão
de que o têm
na palma das mãos.

Outros o veem longínquo,
extraviado num país
que nunca visitaram,
nem visitarão.

POETAS LATINO-AMERICANOS

Acusam-se os poetas
latino-americanos
de serem excessivamente
expansivos.

Por vício da natureza,
seriam pródigos
em erupções.

Lede tais poetas fluviais,
mas respeitai-lhes a concisão
dos versos,
como ela se entremostra
na superfície de seus poemas.

Lede-lhes a ternura
na agudeza de suas pontas,
de seus carinhos
que são como tacos
de sapatos de mulher:
a perfurarem os olhos
das vítimas de sua raiva!

Poetas latino-americanos,
nascemos todos sem respiração,
e ressuscitamos com o leite
de nossas mães, de seios empinados,
porque adoramos um Deus
(que os europeus desconhecem)
com uma ferocidade
não ocidental.

EPITÁFIOS

A maioria dos epitáfios
não passam de lugares-comuns.

Alguns
são dignos de distraída leitura.

Este, por exemplo:

– *Aqui jaz fulano*
que, por desgraça, nasceu italiano
e não conseguiu ser Dante!

Melhor do que o anterior:

– *Não veneres meus ossos*
se não conseguiste
venerar minha carne.

Um terceiro, de elegância
de dedos afuselados:

– *Fui político e hoje sou*
um pouco de pó.
É o que deveria ter sido
durante toda a minha vida.

O epitáfio mais reflexivo
que encontrei
dizia apenas:

– *Tu, que estás diante*
de meus ossos,
és um dos nossos.

*Se queres chegar à Vida Eterna,
lembra-te da mulher que te amou,
e talvez ainda te ame!
Trata de amá-la novamente,
antes que a revejas
nas chamas do inferno.*

PARA ONDE FORAM OS BONS POETAS?

Terá alguém ouvido falar
em Kosztolányi Dezsfi?

Foi um poeta que deu uma bofetada
nos poetas:

– *Que comovente, um mau poeta. Não falam dele
há muitos anos; depois, lentamente, esquecem-no.*

Irmão da Hungria:
conseguiste atingir nosso coração.

Eu sou esse mau poeta.

Um mau poeta é a garantia
de que a Poesia não se extinguirá.

Todo mau poeta assemelha-se
a uma mulher que nasceu
sem uma perna.

O público, que a vê,
tira a conclusão:

– *Se a perna da mulher coxa
 é bela,
como não o seriam duas pernas
juntas?*

Obviamente, *isto não é poesia.*

Ou melhor: é poesia de mau poeta.

Conclui-se do exposto
que devem existir bons poetas.

SOBRE A LEITURA

Somente lês um livro,
em toda a sua extensão e profundidade,
quando és capaz
de te opores a ele.

Mais do que isso:
quando obrigas o autor
a aparecer nu
diante de ti.

DEUS

Não te esforces por chegar
a uma imagem de Deus.
Ele é invisível.

Não te esforces por apalpar-lhe
o corpo:
ele é imaterial.

Não te esforces por falar-lhe:
ele não tem ouvidos.

Por ser o que não é,
por não ser
aquilo que pensas que Ele é,
Ele pode consentir
que O vejas num mosquito,
que O apalpes numa mulher,
que O escutes
num sussurro de vento.

OUTRA VEZ, DEUS

Afirma-se
que o Senhor Altíssimo
é mais conhecido pelo que Ele não é.
Não é algo que se vê,
que se toca,
nem que se pensa.
É tudo isso,
desde que O imagines
fora de tudo isso.
Não queiras pôr Deus na companhia
de teus pobres neurônios:
eles morreriam de tédio.
A não ser que te disponhas
a crer que Ele entrou na História
e permitiu que o afagassem
como uma criança,
morrendo como um bicho
– porque é assim que muitos homens morrem.

Tens um privilégio, ó racional,
entre todas as criaturas:
Deus abriu mão de sua condição
para amar-te, não à sua altura,
mas *à tua altura*.

MAIS UMA VEZ, DEUS

Quando estás para defini-lo:
detém-te!

É tua oportunidade
de compreender a infinitude:

– como uma taça de cristal
compreenderia o vinho
se lhe fosse concedida a inteligência;

– como um passarinho
compreenderia o sol
que lhe aquece as plumas
se lhe fosse concedido o dom
de ser Abraão ou Moisés
no tempo em que falavam
com Iahweh;

– como uma folha de plátano
compreenderia o vento
se este lhe murmurasse ao ouvido
como João, na tarde
em que reclinou a cabeça
no peito de Jesus;

– como a escuridão compreenderia
a primavera
se lhe fosse dada a possibilidade
de ser Herodes, o Cruel,
e zombar de um pobre homem
que ele vestiu com um manto vistoso,
devolvendo-o a Pilatos.

A VERDADEIRA POESIA CONTEMPORÂNEA

A poesia contemporânea
deve ter existido no passado,
quando os poetas amavam a Natureza.

Algum Prêmio Nobel
teria ouvido falar de
Ishikawa Takuboku?

Não inventei esse nome.

Foi o primeiro poeta,
que me falou do vento
a sussurrar, noite e dia,
nas orelhas de um cavalo de pedra,
num templo de montanha do Japão.

Até meu último suspiro
hei de lembrar-me
das orelhas desse cavalo de pedra.

CORTESIA

Durante sessenta minutos partilhei
o guarda-chuva de uma jovem mulher,
sob um violento aguaceiro
que submergiu nossa capital.

Em intimidade imprevista,
enfrentei o vento,
o frio, a umidade.

O triunfo da animalidade
é um risco
para o homem.

Mas diante de tal risco,
o animal racional
é livre de escolher
o melhor,
reconhecendo, por exemplo,
o *sex appeal* da mulher
e sua própria animalidade cantante.

EM TEMPOS DE PENÚRIA

Se amássemos uma mulher,
como é nossa obrigação
amar uma pedra,
teríamos êxito em nossos amores.

Ao invés de deixá-la onde está,
exigimos que ela esteja
onde estamos nós.

Como se o rio pudesse estar,
ao mesmo tempo,
na sua nascente e na sua foz.

A JANELA

Imaginar que a mulher,
cujo corpo amamos
e cuja alma
não sabemos se amamos,
ficou na nossa memória,
ou que nossa memória
floresceu em outra memória
capaz de abarcá-la,
é insensatez.

Que sabemos da memória
da mulher amada?

Ama-a, tu,
como se ela não tivesse memória,
e só para ti tivesse nascido.

INSIGHT

Nunca me senti feliz,
tão estranhamente feliz

como na manhã em que
abri uma janela

num paiol de uma aldeia
do Tirol austríaco,

sob cujo teto
um casal de camponeses

me acolheu por uma noite,
e vi, de súbito,

algo que devia ser uma manhã,
mas talvez fosse uma mulher

que eu desejava
ardentemente amar,

e que era tão pura,
tão incrivelmente bela,

que a confundi
com a água da bacia

em que lavava meu rosto
para abrir melhor os olhos.

CREIAM NOS POETAS!

Que importa que nem todos os amores
sejam reais?

Existem amores
que nascem na rua
porque são pobres,
e não têm onde nascer.

Outros são insolentes:
nascem mentindo,
e o que neles parece lindo
é puro pó, que jogam
nas nossas pupilas.

Outros amores são austeros,
estão sempre de luto,
e desaparecem, com um sorriso,
de alguém que fingisse desmaiar.

Onde se esconderão
os amores maduros,
os amores espessos,
os amores gagos,
que sabem cantar como rouxinóis?

Onde os amores evasivos,
com que as mulheres sonham
após os orgasmos?

O RETORNO DE OVÍDIO

Se Ovídio reescrevesse
sua *Arte de amar*,
talvez nos dissesse:

– *Esqueçam o que escrevi!*

Ama uma mulher de carne e osso,
porque a mulher
é difícil de ser decifrada.

Em vez de perderes tempo nisso,
sê o caniço pensante que pensas ser.

Deita-te numa cama,
e ama tua mulher.

Mas ama-a de verdade,
ama-lhe o corpo
e, se não puderes amar-lhe a alma,
ama as loucuras que ela diz
pensando que são sua alma.

O AROMA DO PASSADO

Aos velhos
não quadram lamentações
sobre amores fruídos,
delirantes *souvenirs*
de noitadas tórridas.

Aos velhos
quadram sonhos plácidos,
lembranças de êxtases
diluídos nos nevoeiros.

Quadra-lhes
a escória ditosa
do que ficou
de sua história.

MADAME DE POMPADOUR

Madame de Pompadour,
no ocaso de sua vida,
mantinha o aprumo
que a distinguia
quando reis e cortesãos
ajoelhavam-se aos seus pés.

Admiremos tal fêmea
que jamais se humilhou,
mesmo quando seu corpo lasso
já não tinha o resplendor
dos tempos felizes,
em que ela transformava
uma ceia de camponesa
numa ceia real,
sentando-se à mesa
como se ela fosse a Rainha.

ANNA AKHMÁTOVA

Anna Akhmátova
talvez nunca tenha amado um homem,

mas dormiu com muitos deles,
para, em sua companhia,

poder sofrer com volúpia
de ostra agarrada à sua pérola.

OS POETAS E O AMOR

Os poetas não revelam
o amor
dos que nasceram
falando a mesma língua.

Os poetas limitam-se a mostrar
o que a língua dos que amam
é capaz de esperar
do amor.

Homens e mulheres, talvez, amem
menos do que sugere a língua materna,
que acumula experiências malogradas
e fracassos emotivos.

Os poetas de todas as línguas,
além da vivência amorosa deles,
revelam *un plus* que se converte
em *un moins*, que as amadas
guardam, silenciosamente,
dentro de si, com um rancor
que às vezes desabotoa em carinhos.

NO AEROPORTO CHARLES DE GAULLE

Um grande amor,
um amor que enlouquece uma mulher,
ressuscita – não por um incêndio,
ou um maremoto de abalar o mundo –

um grande amor
revela-se, às vezes,
numa pétala que ficou num livro antigo,
num beijo, dado
por uma jovem de *jeans*, num aeroporto,
onde todos cochilam.

OS AMANTES E A CRIANÇA

Raríssimas mulheres atrevem-se a confessar
que, em toda verdadeira paixão,
se esconde uma criança.

A criança pode não nascer nunca.

Pode ser confundida com um sonho,
pode, até, morrer antes de nascer.

Mas a criança está aí.

A mulher sabe que ela está aí,
e mentirá sempre
aos amantes,
porque sua obrigação é mentir.

Um dia, a criança aparece,
todos a veem, até os amantes,
mas já não há tempo
para que ela nasça.

SOLUÇÃO FINAL

Deixa-me dizer-te,
ó desconhecida:

– *Uma só vez eu te amei.*

Todos os homens sonham dizer isso.

Os menos afoitos
o dizem às suas mães.
Os tímidos,
às suas irmãs.

Os mais afoitos,
a qualquer mulher.

Depois fogem, e acabam num bar
onde o confessam
a um copo vazio,
ou a um gato
que está à espera
de um rato.

O RIVAL

É melancólico sair à toa,
noite afora,
à procura de um amor.

Mas talvez isso seja melhor
do que amar uma mulher
durante longos anos
e descobrir que ela viveu
com o rival, não só detestando-o,
mas odiando-o.

O MISTÉRIO DO AMOR

Deve existir um mistério em cada amor.

Deve haver
um homem
destinado a uma mulher específica,
e uma mulher
destinada a um homem específico.

Refiro-me a homens e mulheres
insubstituíveis.

É pena que Deus só nos revele
esse mistério
no fim dos tempos.

FILME AMERICANO

A moça não amava, mas o rapaz
parece que a amava. Surgiu um terceiro,
que parecia amar, mas na verdade
era um cavalão, interessado
em tirar vantagens. O filme continuou
e as cenas ficaram cada vez mais cruas,
entrecruzando-se como fios
de uma tapeçaria.

Finalmente, a moça amou,
mas o rapaz desistiu
de amá-la.

Impossível não comover-nos
com enredos tão *humanos,*
tão transbordantes
do lixo íntimo da vida.

CREDO USA

Com candura inimitável,
um poeta ianque exclamava:

– *Eu amo meu Deus,*
como amo meu dólar!

O dólar, infelizmente,
desvalorizou-se,
e com ele Iahweh.

ENSINANDO UM JOVEM A LER POESIA

Da coisa ao enigma,
do enigma ao poema,
do poema à clareza:
– se a leitura não se atém
à regra tão consabida,
o poema acaba
num beco sem saída.

Poesia é
lucidez enternecida.

DEMOCRACIA

Na hora de escolher
o bem comum do povo,
os democratas
escolhem o que os favorece.

Eis porque as eleições
se assemelham
a grandes traições.

O povo costuma
escolher
a pior parte.

POLÍTICOS

Os governantes envelhecem,
mas resistem a entregar
o bastão de comando
aos que prepararam
para serem seus sucessores.

No coração do homem,
na mais inacessível de suas veias,
dorme o sangue
que eles imaginavam
derramar pela Pátria.

BANDEIRAS

Em menino, fiquei encantado
ao descobrir que as bandeiras
eram seres – mais do que símbolos –
que os anciãos veneravam.

Hoje as bandeiras flutuam
em todas as embaixadas do mundo,
e só reparamos nelas
quando, içadas a meio mastro,
nos obrigam a um minuto de silêncio.

INTERIORANO

Chorei a primeira vez
quando meu gato morreu
atropelado na rua fronteira
à minha casa.

Foi a primeira vez que chorei
com liberdade – não
infringindo hábitos
sociais.

Chorei porque meu gato
morreu e compreendi,
naquele instante sem futuro,
que qualquer ser vivo valia
mais do que a sabedoria
dos homens que legislam
sobre a vida.

Hoje, sinto-me solitário
na vastidão do planeta!

Parece-me que os gatos
desapareceram, ou foram adotados
por homens, que se converteram
em seus algozes
e, mais frequentemente,
em nossos algozes.

UMA QUESTÃO DE NOMES

Um pedaço de pão
é um pedaço de pão.
O restante da alimentação
é *souvenir* de comida,
mas não é comida.

Um pedaço de pão,
reduzido ao pior,
satisfaz um faminto.

Um litro de leite
não alimenta mais uma criança.

Digamos que a criança necessita
também de água para viver.

Mas a própria água já não a dessedenta.

Existimos num Universo
que foi bom (e ainda o é,
nos interstícios das ações humanas).

Que dita descobrir
menos interesse nos homens
pelos répteis, pelos sáurios,
e outros bichos mais raros.

Os zoólogos, talvez, erraram
ao não dar nomes complicados
também à nossa espécie
e às suas variantes.

Seríamos mais respeitados
se nos tivessem atribuído
denominações que os sábios,
com a ajuda do latim,
reservaram a alguns irracionais.

Penso
no *Rhinoceros Unicornis*
e em seu companheiro, o *Bicornis,*
e também no gracioso animal
chamado *Hipopótamo,*
que guardou seu nome
na língua, inculta e bela,
que falamos
– a da Última Flor do Lácio.

BARUCH SPINOZA

Olhem para esse homem!

Ele segue polindo suas lentes,
a fim de que olhos ansiosos
consigam ver as coisas da terra
e os tesouros que Iahweh camuflou
sob vestes esfarrapadas.

Seu nome é Baruch,
sua língua
talvez tenha sido o português.

Ele soube falar
sobre o destino do homem.

Somente outro filósofo
poderá compreendê-lo,
adivinhando a floresta de pensamentos
que ele colhia, num mundo
onde mãos de anjos
manejavam foices.

É nos interstícios
de nossa insensatez
que Baruch Spinoza
deixa ainda perceber
suas antenas de caramujo,
saindo da concha.

IMITAÇÃO DE SALADINO

Quando o poeta descobre
que não conseguirá jamais
apanhar nas mãos
os dentes vermelhos das romãs
(dentes que, a rigor,
são os mais belos rubis do mundo),
o poeta recorre a Saladino,
o soberano curdo que derrotou
os Cruzados em Hittin
e, em vez de humilhá-los,
ofereceu-lhes o que de melhor havia
na sua tenda.

Em especial: para homens
cujas gargantas estavam laceradas
pela sede,
a água mais pura e fresca
de seu cantil.

Vencido pela Natureza,
o poeta, também, curva-se,
como Saladino,
e desenrola seu tapete
para nele adorar
Aquele que criou
os mais belos rubis do mundo.

DORMIR

Não há instante
mais íntimo
do que aquele em que nos enrolamos
em nós mesmos.

Dormir *a pata suelta*,
num trem,
num bosque,
num banco de praça.

Quando dormimos,
nossa memória estende as asas,
e voamos com ela
para abraçar a lua.

NECROLÓGIO

Creio já ter tocado a fímbria
do vestido negro da morte!

Não sei quando foi isso,
mas eu o toquei.

Senti, junto a mim,
seu hálito perfumado.

Mas o hálito que senti
não teria sido
o das narinas da última
mulher que amei?

Sim... é possível!
Mas também pode ter sido
a exalação
da última rosa
que ficou nos cabelos dela.

A DANÇA

Elas dançam!

Dançam, e nos causam inveja,
a nós, que temos os membros engelhados,
e confiamos, aos nossos olhos imóveis,
os caminhos que deveríamos palmilhar.

Elas dançam!

Por que não aproveitamos
o pouco ar
que temos nas narinas
para levantar-lhes as saias?

Deixêmo-las dançar!

Nossa libido
é um cavalo apaziguado,
que se contenta em ser cavalo
embora tenha orgulho do que foi:
um cavalo!

Que elas dancem!

Dancem
envolvendo em suas tranças
nossos netos.

A árvore da vida
necessita reflorescer,
e as uvas não podem permanecer verdes
ao alcance apenas das raposas.

Elas dançam!

À nossa frente,
são faíscas,
que provocam incêndios
em corpos que são
o que foram nossos corpos,
aos quais a vida tornou a entregar
a bandeira do sexo.

DESEJO DE POETA

Se algum
de meus poemas
sobreviver à minha pessoa
na memória
dos que falam minha língua

e se aninhar
nalguma ramagem do idioma,
que seja o meu poema mais *humano*.

O poema
que eu gostaria de ter escrito
para o último indivíduo
que falar o português.

ELOGIO

Minha mãe:

poeta algum
é capaz de louvar o ventre que o trouxe,
por mais que adoce
a língua em que nasceu.

Poeta algum encontra
o caminho do coração,
que se assemelha a uma estrada antiga,
por onde passavam
carruagens reais
e por onde viajavam Bach e Mozart.

Só me resta extrair
das jazidas secretas
da memória
o meu diamante mais puro.

Depois falar-te,
com a limpidez
da água
de uma fonte coberta por folhas mortas:

– *És aquela que preparou*
o ninho à minha alma,
que veio de um Seio
maior do que o teu.

A PROMESSA

Carregaremos as alças dos caixões
uns dos outros
até que um Anjo apareça,
vestido de veludo,
e diga, soando a trombeta,
aos recém-nascidos dos sepulcros:

– *Acabou-se a História!*
É a vez
da Eternidade!

Os corpos estremecerão,
sentindo que nova carne
lhes cinge os ossos.

O Anjo acrescentará:

– *Tereis sempre vosso sexo!*
Mas ele não gozará
dos prazeres da Nova Vida.

Os corpos, que foram felizes
quando os dois eram uma só carne,
poderão recordar
os êxtases do passado.

Para os demais, fica a certeza
de que fugiu o pesadelo
das uniões frustradas,
e delas só restam
na carne ressuscitada
– se restarem –
os vestígios
de flamas que se converteram
em brasas mortas.

VIGÍLIA

Sentinela, que é feito da noite?
Não tentem reencontrá-la.
Seus escombros
estão à disposição
dos que procuram
pepitas de amor
e não se contentam
com o esplendor
das estrelas
e dos incansáveis grilos
que as compreendem.

CONVITE

Na ânsia de seres tu mesma,
tua alavanca procura
um ponto de apoio:
tua anca.

Mas a verdade é que és
tanto mais feliz e amada
quanto mais livre tua nudez!

À MEMÓRIA DE SANDRO PENNA

Sandro,
quantos seios exaustos
existirão, neste momento,
no mundo?

Ao seio exausto de uma mulher
(tu o lembraste num poema)
torna, às vezes, um pensamento
de amor
numa noite de inverno.

Por que não pensar, também,
nos seios exaustos
das que amaram,
e tornaram a amar,
e nunca foram amadas?

Penso, também, nos seios
que nunca amaram,
e nunca ficaram exaustos.

Penso nos seios que o amor
encheu, como um rio imenso
que transborda no verão
e cobre com suas águas
arrozais e terras devolutas.

Penso nas infelizes prostitutas,
cujos seios jamais se tornaram exaustos
porque o leite que se destinava
a seus possíveis filhos
serviu para disfarçar
a função eréctil
de velhos sem imaginação.

O NASCIMENTO DE VÊNUS

Pedirei a Deus para conhecer
a adolescente misteriosa
que serviu de modelo à tela
de Sandro Botticelli.

Quantos desejaram conhecê-la!
Quantos desejaram dormir com ela!

A jovem pode ter dormido
com algum dos habitantes
da Florença dos Médici.

Pode ter tido filhos.
Pode ter envelhecido.

Mas a adolescente do *Nascimento*
nunca nasceu.

Foi inseminada artificialmente
na fantasia do pintor.

LIÇÃO DE AMOR

Não adianta me dizeres
que me amas.
Amar é um segredo
que os pássaros guardam para si
e os peixes,
nos seus passeios
pelos abismos,
mal se atrevem a mencionar.

Não digas a ninguém que amas!
É perigoso.
É tão perigoso como vagar nas ruas
com um brilhante nos cabelos.

Ama, e cala-te.

Cala-te tão profundamente
que teu corpo, de repente,
cansado de esperar pelo teu retorno,
se ponha a falar com outro corpo,
como se ambos tivessem aprendido uma língua
que só eles conhecem.

PERMUTAS AMOROSAS

À primeira vez que uma mulher
vê um homem, e por ele se apaixona,
ela não vê um homem:
vê um fruto apetecível.

Mais tarde, de tanto ver o fruto,
começa a ver o homem.

Algumas mulheres só veem
o homem amado
quando este deixa de existir.

Outras nunca o verão.

Na hora da morte do companheiro,
apercebem-se de que amaram
um álibi.

O SONHO

Cada homem leva do mundo
o que consegue sonhar.
O homem viu uma rosa?
Viu um pavão de cauda aberta?
Viu uma praia deserta
onde coqueiros tremiam de frio?
Nos olhos dos mortos nada fica.

O que é levado pelo homem
é levado por sua alma,
que ninguém vê.

Mas essa alma incapturável
está tão perto, às vezes, do cadáver,
que os vivos que o estão velando
sentem medo
de suas próprias almas.

PERCEPÇÃO

Se não confias na tua alma,
deixa-a fora do amor.

A mulher percebe
quando está sendo amada sem alma,
e também
quando é amada por um corpo
que se afastou provisoriamente
de sua própria alma.

APERTO DE MÃOS

Num aperto de mãos,
um homem e uma mulher
sabem se o amor nasceu.

As mãos seguram um braseiro
sem se queimarem
e guardam o fogo tão sutilmente
que só lhe descobrem as flamas
quando se deitam juntos,
e acabam por respirar
o que já haviam respirado.

MERIBÁ

Apegar-se a um chocalho
é matar duas vezes
a infância.

Apegar-se a outros chocalhos
– os da adolescência
e da idade adulta –
é morrer de sede
ao pé do mar salgado.

Só não se morre de sede
quando bebemos
algumas gotas da água,
gélida e pura,
que saltou da rocha
que Moisés golpeou
duas vezes em Meribá,
no instante em que seu coração
de Profeta vacilou.

MENINO DORMINDO

Estarei me iludindo?

Não!
É realmente um menino
que está dormindo
ao meu lado,
neste café
de mercado público,
onde uma jovem mulher
come às pressas
um sanduíche.

A mulher
é sua mãe.

Seu ar, um tanto abstrato,
de fêmea feliz
a transforma numa macieira,
em cujas ramagens acaba de aparecer
uma maçã,
a que inaugurou sua fertilidade.

O que me espanta
não é a mulher feliz:
é o neném que dorme!

Dorme,
dorme,
dorme,

como se o mundo fosse
seu brinquedo,
como se nenhum homem existisse
sobre a terra,
como se ninguém jamais tivesse dormido
neste mundo,

dorme pela primeira vez,
embora à vista de todo o mundo.

É um pequenino embrulho
de ossos e nervos:
mil vezes mais complexo
que toda a maquinaria
inventada pelos homens
desde a alavanca de Arquimedes
ao computador de John von Neumann.

Dorme!

Meu Deus, ele dorme!

Dorme com a inocência do mundo
sobre seus ombrozinhos,
que mal suportam uma mosca,
ou um beija-flor.

ÍNDICE DE POEMAS

Parte I – Adega Imaginária
I. Brinde 15
II. O porto 16
III. Convite à fidelidade 17
IV. Espelho partido 19
V. O prêmio 20
VI. O jogo 21
VII. A ilusão do poeta 22
VIII. A culpa 23
IX. Insensatez 24
X. Passo a passo 25
XI. Surpresa 26
XII. Os mercadores 27
XIII. A busca 28
XIV. Incerteza 29
XV. Ardor 30
XVI. O ritmo 31
XVII. Cronometria 32
XVIII. Apolo e Dafne 33
XIX. Recusa 34
XX. Aprumo 35
XXI. Antropofagia 36
XXII. Compreensão 37
XXIII. Nudez 38
XXIV. Tangibilidade 39
XXV. O abraço 40
XXVI. Descobrimento 41
XXVII. A lágrima adormecida 42
XXVIII. O felino 43
XXIX. Enigma 44
XXX. Reinvenção 45
XXXI. Lição 46

XXXII. No umbral 47
XXXIII. Observação 48
XXXIV. Aprendizagem 49
XXXV. Cumplicidade 50
XXXVI. Maravilhas 51
XXXVII. A trama 52
XXXVIII. Transbordamento 53
XXXIX. Prevenção 54
XL. O segredo 55
XLI. Aprimoramento 56
XLII. Realismo 57
XLIII. Depois do amor 58
XLIV. Insistência 59
XLV. Brinquedo 60
XLVI. Treinamento 61
XLVII. Retirando o vinho da adega 62
XLVIII. Souvenir 63
XLIX. Elegia: o vinho e o amor 64
L. Erotismo e poesia 67

Parte II – O relincho do cavalo adormecido
Diálogo entre Marco Antônio e Cleópatra 79
O pintor e seu quadro 81
Visita 82
Pudor 83
Poética menor 84
Prece humilde 85
Em Praga 86
Ecografia 87
O líder 89
Contra a insônia 90
Síndrome de Down 91
Luto 92
Homenagem a um solitário 93
O amante 94

O tempo e o vento 95
A um jovem apressado 96
Adolescente 97
Amor na terceira idade 98
Se vires uma criança 99
Para sempre 100
O silêncio dos corpos 101
Sim e não 102
Serão dois numa só carne 103
A primeira mulher moderna 105
Homenagem aos cães 106
Crianças 108
Agradecendo a Van Gogh 109
Paul Cézanne 110
Wolfgang Amadeus Mozart 111
Admiração 112
Feijões 113
Giorgio Morandi 114
A boate 115
Anestesia 116
Cáquis 117
Homenageando Yeats e um repórter 118
O verso 119
Constatação 120
Epigrama 121
À memória de Omar Khayyam 122
Sobre formigas 123
O grande amor 124
Ato-Contínuo 125
O ditador 127
O assassino e sua vítima 129
A queda das máscaras 130
Borboletas na areia 131
Meu café inesquecível 132
Poema com a colaboração de J.L. Borges 133

Verso roubado a um poeta 134
A Idade das Trevas 135
O cavalo 136
A morte de Manuel Bandeira 137
Perdão 139
O saleiro 140
Teimosia 141
Réquiem pelos traídos 142
Censura aos poetas 143
Poetas latino-americanos 144
Epitáfios 145
Para onde foram os bons poetas? 147
Sobre a leitura 148
Deus 149
Outra vez, Deus 150
Mais uma vez, Deus 151
A verdadeira poesia contemporânea 152
Cortesia 153
Em tempos de penúria 154
A janela 155
Insight 156
Creiam nos poetas! 157
O retorno de Ovídio 158
O aroma do passado 159
Madame de Pompadour 160
Anna Akhmátova 161
Os poetas e o amor 162
No Aeroporto Charles de Gaulle 163
Os amantes e a criança 164
Solução final 165
O rival 166
O mistério do amor 167
Filme americano 168
Credo USA 169
Ensinando um jovem a ler poesia 170

Democracia 171
Políticos 172
Bandeiras 173
Interiorano 174
Uma questão de nomes 175
Baruch Spinoza 177
Imitação de Saladino 178
Dormir 179
Necrológio 180
A dança 181
Desejo de poeta 183
Elogio 184
A promessa 185
Vigília 186
Convite 187
À memória de Sandro Penna 188
O nascimento de Vênus 189
Lição de amor 190
Permutas amorosas 191
O sonho 192
Percepção 193
Aperto de mãos 194
Meribá 195
Menino dormindo 196

203

IMPRESSÃO:

Pallotti
GRÁFICA EDITORA
IMAGEM DE QUALIDADE

Santa Maria - RS - Fone/Fax: (55) 3220.4500
www.pallotti.com.br